Das sind die Helden unserer Geschichte:
der Drache Wai-Wai, der große Pandabär Lang-Tsu,
der kleine Katzenpanda Bambu-Li,
die kleine Bambusratte Li-Pling und
Wao-Hao, der unseren Helden
mit Rat und Tat zur Seite steht.

Die Deutsche Bibliothek - CIP-Einheitsaufnahme
Buckelwale in Not. - Augsburg : Pattloch, 1996
(Bambus-Bären-Bande)
ISBN 3-629-00343-5

Gedruckt auf chlorfrei gebleichtem Papier.

Pattloch Verlag, Augsburg

Druck und Bindung: Sebald Sachsendruck, Plauen
Printed in Germany
ISBN 3-629-00343-5

Buckelwale in Not

Pattloch

Unsere Freunde, die mutige Bambus Bären Bande, kreuzten mit ihrem Segelschiff um die Inseln von Hawaii. Gemütlich lagen Li-Pling und Bambu-Li in den Liegestühlen und genossen die Sonne.

Lang-Tsu steuerte das Schiff und summte leise vor sich hin. „Bambu-Li! Was gibt’s heute zu essen?“ fragte Lang-Tsu neugierig.
„Laß dich überraschen“, rief Bambu-Li aus der Küche.

Plötzlich machte es einen gewaltigen, lauten Knall. Das Segelschiff wurde wie mit einer Säge in der Mitte durchtrennt und sank blitzartig. „Aaah! Was soll das?“ schrien alle drei gleichzeitig.

Hilflos trieben die drei im Meer und hielten sich an den Holzstücken fest. „Was war das?“ fragte Li-Pling. „Ein Walfänger-Schiff hat uns gerammt“, stellte Bambu-Li fest. „Ich konnte einen von Rataleones Gehilfen erkennen. Wo sich der herumtreibt, sind wieder Tiere in Gefahr.“
„Ich habe eine Insel entdeckt“, lachte Lang-Tsu. Er saß auf einen kleinem Eiland. „Und neben mir ist noch eine Insel! Wir sind gerettet.“

„Ein Erdbeben! Ein Erdbeben!“ schrie Lang-Tsu. Und wirklich, die Insel bewegte sich. Plötzlich begann die Insel auch noch zu sprechen: „Ich hoffe, ihr seid nicht verletzt. Habt keine Angst. Wir bringen euch an Land. Ich bin Mara und das ist Guido, mein Sohn.“

„Hurra!“ schrie Bambu-Li, „ihr seid Buckelwale.“
„Vielen Dank, daß ihr uns geholfen habt. Das ist Li-Pling, Lang-Tsu habt ihr ja schon kennengelernt. Vielleicht können wir euch auch einmal helfen, wenn ihr in Not seid.“

„Das wäre schön“, sagte Guido. „Skrupellose Walfänger jagen uns. Sie haben auf uns geschossen. Seitdem ist mein Vater verschollen.“
„Ich bitte Wao-Hao um Hilfe“, sagte Bambu-Li. „Er weiß bestimmt, was wir unternehmen können.“
Bambu-Li nahm seinen Zauberbambusstab und warf ihn in die Luft.
Da stand auch schon Wai-Wai vor ihnen. „Bittesehr, hier ist das Bildtelefon. Mein Meister wartet bereits.“

„Das ist eine schlimme Sache! Verboten und auch ungesetzlich! Auf der Nordseite der Insel sind noch weitere Wale, die in Not sind. Ihr müßt ihnen helfen", sagte Wao-Hao. „Wai-Wai soll euch dorthin fliegen, viel Glück!"

„Worauf wartet ihr noch", drängte Wai-Wai. „Auf geht's! Die Rettungsaktion beginnt."

Fröhlich winkte Guido, der kleine Wal mit einer Flosse: „Viel Glück! Vielleicht findet ihr auch meinen Vater!"

In der Nordbucht der Insel lagen die Walfänger vor Anker. Sie putzten gerade die Harpune, als das Telefon klingelte. „Wieviele Wale habt ihr heute gefangen? ... Waaas? ... Keinen einzigen!“ Rataleone wütete am Telefon.

„Paßt auf ihr Dumpfbacken. Ein Hubschrauber bringt euch neue Sprengharpunen. Damit habt ihr bestimmt Erfolg. Das Geschäft muß rennen, verstanden?!“
„Ja, Chef! Selbstverständlich, wir werden alles genau so machen wie sie es wollen“, antwortete der Kapitän des Walfänger-Schiffs.

„Da ist das Schiff, das uns gerammt hat“, sagte Bambu-Li zu seinen Freunden. Sie standen auf einem Felsen und beobachteten das Boot.

„Es sind Walfänger – seht nur die Harpune. Wenn es Nacht wird, werden wir uns auf das Schiff schleichen, und etwas gegen das Walmorden unternehmen.“

Wai-Wai flog die drei Freunde in der Dunkelheit auf das Schiff. Sie schlichen in die Kajüte und hörten vor der Türe wie die Walfänger redeten: „Bei Sonnenaufgang geht's los. Damit fangen wir jeden Wal. Das Geschoß explodiert und reißt ihm eine große Wunde ins Fleisch. So kann keiner mehr entkommen."
„Bestimmt nicht", flüsterte Li-Pling. „Wir werden das nicht zulassen. Wir werden ein kleines Loch in den Rumpf des Schiffes bohren. Wenn sie im Morgengrauen auf der Waljagd sind, wird genug Wasser im Schiff sein, damit sie sinken."

Li-Pling bohrte mit dem Werkzeug, das sie im Laderaum gefunden hatte, ein Loch in die Holzbretter. Sofort quoll das Wasser herein.
„Los! Wir müssen vrschwinden", sagte sie. Hastig liefen Bambu-Li und Li-Pling hinauf zu Wai-Wai und flogen mit ihm wieder an Land.

Nur Lang-Tsu mußte noch unbedingt einen Blick in die Vorratskammer machen, aus der es verführerisch nach Essen roch. „Hmmmm! Das riecht aber fein. Mein Magen knurrt, ich muß etwas essen.“

„Wo ist Lang-Tsu?“ fragte Bambu-Li. „Wir haben ihn vergessen. Wie konnte das nur passieren? Er ist sicher noch an Bord.“
„Es ist zu spät“, antwortete Wai-Wai „die Sonne geht gleich auf. Das Schiff läuft gerade aus, seht nur!“

Traurig schauten sie dem Walfangschiff nach.
„Was ist, wenn sie Lang-Tsu entdecken?“
fragte Li-Pling besorgt.

„Wen haben wir denn da? Einen blinden Passagier. Und verfressen ist er auch noch!“ Der Kapitän hatte Lang-Tsu in der Kombüse gefunden, weil dieser laut schlürfend die Suppe gekostet hatte.
„Tag, Kapitän! Die Suppe mußte noch ein bißchen nachgesalzen werden. Aber sonst ist sie perfekt“, antwortete Lang-Tsu.
„Wir werden dir deine Suppe versalzen, Freundchen!“ schrie der Kapitän. „Ich zeige dir, was man hier mit blinden Passagieren macht!“

S

Lang-Tsu stand, die Hände am Rücken gefesselt, auf einem Brett und blickte unter sich ins Meer.
„Die Haie werden dich fressen! Hahaha!“ lachte der Kapitän schadenfroh.

„Sicher nicht! Das sind meine Freunde! Sie kommen, um mich zu retten!“ lachte Lang-Tsu und sprang mit einem Kopfsprung ins Wasser.
„Schießt auf die Wale!“ schrie der Kapitän. „So viele hatten wir noch nie vor dem Bug!“

Bambu-Li und Li-Pling kamen mit Wai-Wai auf das Walfang-Schiff zugeflogen. „Hört sofort auf zu schießen!“ schrie Wai-Wai der rosarote Drache. „Sonst werde ich bitterböse!“ Doch das half nichts. Der Pfeil mit einer Sprengladung flog direkt vom Walfängerschiff auf unsere Freunde zu.

„Ihr habt es nicht anders gewollt!" Wai-Wai, der über übernatürliche Kräfte verfügte, fing den Pfeil auf und schleuderte ihn in Richtung Schiff zurück.
„Jetzt werdet ihr am eigenen Leib erfahren, wie es ist, wenn man mit Sprengladungen auf jemanden schießt!" schrie Bambu-Li den Walfängern zu.

Das Geschoß raste auf das Schiff zu. Es machte einen gewaltigen Knall und ein riesiges Loch war im Bug. Es reichte jedoch nicht aus, das Schiff endgültig zum Kentern zu bringen.

Die Walfänger hatten wieder eine Harpune nachgeladen und wollten gerade erneut abschießen, als plötzlich viele, viele Buckelwale aus dem Meer auftauchten. Sie rammten das Schiff mit voller Wucht. Es bekam Schlagseite, kippte um und versank im Meer.

Lang-Tsu saß auf dem Rücken von Guidos Vater und lachte. „Das ist viel schöner, als mit einem Segelschiff zu fahren!“

„Lang-Tsu! Schön, dich zu sehen! Wir wußten, daß dir nichts passiert ist!“ freudig begrüßten Bambu-Li und Li-Pling ihren Freund.
Die Walfänger trieben im Meer und hielten sich an den Trümmern des versunkenen Schiffes fest. „Und wer hilft uns?“ jammerten sie.

Glücklich schwammen Mara, Guido und ihr Vater im Meer. Freudig bliesen sie riesige Wasserfontänen in die Luft. „Vielen Dank, für eure Hilfe! Ohne euch hätten wir es nie geschafft!“ rief Mara.
„Und ich hätte meinen Vater nicht mehr gefunden“, jubelte Guido und machte eine Freudensprung.
„So ein Abenteuer macht hungrig!“ sagte Lang-Tsu zu seinen Freunden „Ihr seid doch auch hungrig? Oder nicht?“ und alle lachten.